Mauri Laakkonen

Taivaassa on reikä

runoja

Runojen valinta 2021 tuotannosta:

Kirsti "Cille" Jokiaho

© 2022 Mauri Laakkonen

Kustantaja: BoD – Books on Demand, Helsinki, Suomi

Valmistaja: BoD – Books on Demand, Norderstedt, Saksa

ISBN 978-952-80-6251-6

Johdanto

Runot puhuttelevat lukijaansa, jokaista eri tavalla. Lähestymme runoa elämänkokemuksemme kautta ja lähes aina oivallamme lukiessa jotain uutta ja ennen kokematonta.

Kirjoittajalle lukijan kokemus ja hänen antamansa palaute on merkittävä oppimisen väline.

Taivaassa on reikä - runokokoelman kokosi vuoden 2021 runoistani ystäväni ja vuosien takainen naapuri, hyvinkääläinen Kirsti "Cille" Jokiaho. Lämmin kiitos hänelle kirjan nimen valinnasta.

Hausjärvellä toukokuussa 2022

Mauri Laakkonen

Elää elämää

Elää ken tahtoo
ja kuolee
joka tapauksessa.

Mitäpä tuota kieltämään
kun tosi on, ettei kukaan
jää elämään.

Mutta, mutta...

ennen sitä on
monta mukavaa,
siis elämästä nautitaan,
kyllä ne kukkia tuovat
sitten aikanaan
        jos muistavat,
kun multiin lasketaan.

Sovinto

Joskus sanoin toisin
kuin nyt, kun on vuosia
kosolti kertynyt, silloin
niin vähä oli hurjan suurta
nyt sama vähä normaalia ja
ihastuttavan lähellä.

Pilkka osuu, jos oikein tähtää,
napakympiksi asti, mutta
mitäpä voitan sillä, että
joku osuu ja mieli haavoittuu,
ojennan sovinnon kättä
elämänkokemustani epäilemättä.

Oma rauha, itselle aikaa
siinä on taikaa.

Olla ja pohtia

Niin moneen piti ehtiä
kiire mielessä ja kantapäissä
rakkoja,
kuin leviä rannalla -
vihreänruskeaa kateutta
paossa joka päivä,
kuitenkin kaivaten tietämättä
alitajuista hetkeä vain olla,
vain olla
ja pohtia ilman ajatusta, uida
ajatusten virrassa, kellua kohti
ei mitään.
Onko muulla merkitystä?

Ihastunut

Kun lähdit kotiin,
haikailin perääsi,
uneksin hetkistä
jotka eivät tulleet
sellaisina kuin toivoin.

Katselin kun menit,
ihastelin kulkuasi.
Mitäpä muuta
rakastunut voi
kuin odottaa, että
'tulet taas.

Vilkuilen kännykkääni,
älypuhelinta tyhmänä,
josko viestin lähetät
vaikka juuri lähdit.
Edes yhden hymiön
jos saisin.

Enhän minä ihastukseltani
karkuun pääse tai halua
sulkea silmiäni
kemioiden osuttua kohdalle,
sydän lyttää epäilyksen
ja romantikko on tullut tilalle.

Vähin äänin vartuin

Mietin meitä
enemmän kuin mitään,
itseäni mietin,
kuinka kasvoin vuodet
ensin pituutta, luita ja lihaa,
sitten vuosia
opintiellä, kirjoitin ja laskin
tuntematta rakkautta tahi vihaa.
Aikuiseksi vähin äänin vartuin,
kotinurkkiin turvauduin
kunnes tuli lähtöni aika,
jonnekin tuntemattomaan silloin, se
tuttu on nyt,
ajat monet seesteisenä pysynyt
pesäpuu, koti,
olen tähän kiintynyt.

Kultaiset vuodet

Kultaiset vuodet,
naama ja raajat ryppyiset
jäljellä vielä
sydän ja romantiikan hippuset
haaveilevat rakkaansa nähdä,
silmät kaihiset.

Ajatuksissasi
urheasti juoksuun pinkaiset
vaikka kulkuasi rajoittavat
nivelet reumaiset
maltilla on sijansa,
vanhalla hopeaa jo hiuksissa.

Jäljellä vielä silmät kaihiset
ajatuksissasi nivelet reumaiset.

Rakkaat muistot

Tykkylumen tavoin
painaa murhe hartioita,
kumarruttaa kulkuni
hämmästyttää ohi kulkijoita,
kun itkuisin silmin
kaipaan pois nukkuneita,
sytytän haudoille kynttilöitä
ja kesäksi istutan penkkiin
ryhmän orvokeista.

Vuotteni paino
ei vielä ole suuren suuri
mutta ikävä ja kaipaus
tulivat taakkoina sieluuni.

Hymyjä ja sanoja muistan
ilon hetkiä, riemuja runsaita,
taakkaani kevennän hartioilta
jatkan elämää ilman teitä
vaan muistoja rakkaita
en pois heitä.

Tuo rauha sydämeeni

Niin lyhyt on matka
täältä ikuisuuteen
vain hetki, pyrähdys
ja kyyhkyni
olet kaukana pois.

Ehkä sinun on siellä
onnellisempi olla,
ehkä suruni kyynel
kirkkaampi
kokea suosiolla.

Sydämesi sykkeen yhä
kuulen ja tunnen
olet paljon lähempänä
tuntojeni vuo -
virtaava elon vesi.

Lennä siis kyyhkyni
tule ja kujerra
kerro ikuisuuden viesti
lähelle tuo
rauha sydämeeni.

Vielä on

Vielä on hetki
ja aikaa
avata vieroituksen ovi
sekoittaa pakka ja
uhota lakkaamatta

ja rakastaa
kipuja tuntematta.

Vielä on monta uksea
säpin takaista hämärää
tuntea kosketus
tuntea kuinka viiltävää
on menetys
ja rakastaa
sääliä tuntematta.

Vielä on salaisia piiloja
lymyten vahtia rosvoja,
joilla on tahto
vain ottaa
ja hylätä,

ja rakastaa

pois kadota.

Kaipaan

Kosketit.

Jätit jäljen.

Kun lähdit.

Kaipaan.

Kaipaan viisaita sanojasi.

Vastuu omasta

Tahdot hallita elämääni
kuitenkin elämäni on itselleni
tarkoitettu
vaikka yhdessä aikaamme jakaisimme.

Et sinä voi minuksi tulla
vaikka kuinka haluaisit
vaikka kuun taivaalta lupaisit.

Lopulta on vain yksi tie,
se on vastuu omasta temppelistä,
kehostamme, sielustamme, elostamme.

Niin minulla kuin sinullakin.

Yhden kesän syksy

Voinko yhden kesän
olla syksy,
lakastua,
kuihtua
kuin kaunein ruska,
joka hehkuu hetken
joka solulla,
kulkijan omalla polulla
rutistunut lehti,
pois heitetty,
lumoonsa särjetty
sydämen tietty,
lemmitty,
yhden kesän syksy.

Ihan itse

Ihan itse
minä jumaliste
konttasin tien vieritse
polveni verille

pääsin perille

Ihan itse!

Vapaa onnellinen

Villi hän on
ja vapaa, onnellinen
ei koskaan onneton.

Rauhaton hän on
suurin sydäntemme ilo,
aurinkomme hän on.

Hämmästyen häntä katson,
silmissä katse viaton
hymynsä vallaton.

Kiharat tuulessa tanssivat
askeleet onnesta kepoisat
ja tanssi uskomaton.

Pyörähtää malliksi
riemukkaan piruetin
ei koskaan onneton.

Kysymys

 *empeys katsoo julmuutta*
hämmästyneenä ja ymmällään,
uskomatta kohtaamaansa.

Niin erilaisia ovat maailmat,
joissa pyrkyryys runnoo heikompaa
tuntematta lainkaan tuskaa.

Mihin kohtaan saisin koskea
ymmärtävällä rakkaudella
ja arvostaa asioita, jotka yhdistävät.

Mihin?

Taivaassa reikä

*T*aivaassa on reikä
yön pimeässä valon kulkea
vilkuttavat taivaan tähdet,
siirtyvät pilvet niiden edestä.

Heijastusten liike vedessä,
kimmellys miljoonasta tähdestä,
pysähtyy aika sydämessä,
jättää ikuisuuden jälkiä.

Yön syvässä syleilyssä
katson tähden lentoa pimeässä.

Lapsenuskoinen

O len toukokuun lapsi,
lapsenmielinen aikuinen
lähes untuvikko, kun
harmaannun ja vähitellen
vanhenen yhä
suuresti kaikkea ihmetellen.

Nytkin mustikka kukkii
enemmän kuin ennen,
käki kukkuu varhemmin
ja emmin, laskea määrää
vuosia, loppuelämää.

Naura vain taikauskoinen
nämä viisaudet ovat loruista
päähän pinttymiksi isketty
kuten sekin että leipä
on oikein päin pöydälle pantava,
ettei tule leivätön aika.

Lapsenuskoinen poikanen
jo vaari-ikäinen
lausuu viisauden,
älä usko kaikkea lapsonen
jätä juorut arvoonsa aikuinen.

On (on)

Jäi pois
huomaamattomasti
vaikka läsnä (on)

Todettiin
kelvottomaksi
vaikka pätevä (on)

Ei pitänyt ääntä
ei ruikuttanut kohtelua
vaatimaton (on)

Kohteliaasti
katsoi sivummalta
käytöstavat (on)

Ei pyytänyt
vaatinut päästä jaolle
osaton (on)

On (on)

Luullaan

Niin usein luullaan,
että toisen omistaa
ja aitoja ja muureja
aletaan rakentaa
vankilaa

sanotaan
kun rakastaa
niin toisen silloin omistaa
kokonaan
vaan eihän niin olekaan

jos suhteessa
vahtikoiriksi aletaan
pian kaikesta muristaan
ja toisiaan haukutaan
jos mitään uskaltaa

myös tunnetila,
jota rakkaudeksi kutsutaan
katoaa ja vihata aletaan
se on tuhoisaa.

Kysynkö Kaarinalta

Solmin suhteita ja kengännauhoja
rusetoin ja paketoin
muotivirtauksia.

Ostin tarralenkkarit
vapauteni merkiksi ja
silitin pukupaitani kiireesti
kohtaamaan nykyaikaani.

Pikkutakin alta kurkistaa
paidanhelman kaarroke
ja valkoiset tarralenkkarit
on suorien housujen jatkeena

Mietin pitäisikö
kysyä mielipidettä etiketistä
itseltään Kaarina Suonperältä.

No mitä turhia pohtimaan
pukeutumisessa nykyään tohditaan
rikkoa sovinnaisuuksia
vaan onko se onnellista.

Vielä on

Vielä on aikaa,
    taikaa
        elokuisten päivien,
ennen syksyistä ruskaa
pimeän tuskaa
yötä mustaa.

Vielä on päiviä
suloisia, lämpimiä
elovainioita kulkien
pulahtaa lämpimään veteen
katsomaan kun nuotion teen,
hehkumaan telttani eteen.

Vielä on hehkua
runsautta luonnossa
marjoja pihlajassa
voi käyskellä vehreitä polkuja
katsella ikipuita, keloja
kuunnella harakan naurua.

Rannalla

Valon syli
silta veden yli
kimallus kainalossaan
saa kauas katsomaan.

Sieluuni talletettu

Tänäänkin varjooni käyn
varjojani, piirrän pintaasi, näyn
kisaillen ja leikin valossasi
olen jälleen sinun varjosi,
tanssin ja näyn
kanssasi käyn.

———

Minä kosketan sinua,
sinua, varjokuvani, yllä
piilotettu ystäväni, kokemus
yllätyksiä täynnä, tänään
eilen, aina
erilainen on muotosi
ei outo, tuttu olet, kohdattu
usein, sieluuni saatettu,
talletettu.

Toivoit

K utsuit
sanoit, toivoit,
että tulisin.

*Kerroit
haluavasi, tahtovasi,
että kertoisin
mikä elämässä
on toisin,
jos tulisin ja kertoisin
mitä tunnen
missä onnellinen olisin.*

*Toivoit
ja minä halusin.*

Ajatusten duurisointu

S ukelsin.
Syvälle.

Sukelsin muistoihini
vuosikymmenten taa
ja iloisesti yllätyin
ajatusteni duurisointuja
ei lainkaan melankoliaa.

Nuo muistamani hetket
ovat kuin liitävä valssi
kepeitä, ilmavia askeleita
kuin karusellin pyörintä
sen raikkaat värit heijastuksina
elämän syvissä vesissä.

Sieltä katson.
Valon läikettä.

Harmaiden kulmien alta

Kohtasin vanhuuden
ohi ajaneen ajan jäänteen
onnellisena
omassa maailmassaan

Reuman runtelemat nivelet
koppuraiset sormet
vielä valmiit
tervehtimään.

Kokemusten merkitsemät kasvot
harmaiden kulmien alla katse
näkee syvälle
menneisyyteen

....mutta hymy on yhä tässä

Runoikkuna

Kun taide kasvaa minuun,
olen yhtä kuin hiljaisuus,
se minussa lepää,
ottaa armaaseen tykönsä,
kuin pilvi, joka suutelee taivasta,
kuin tähti, joka kimmeltää sen otsalla,
ja katsoo kuvajaistaan
peilityynen järven pinnalta,
niin levollinen on mieleni,
niin herkkiä sanat huulillani,
että toivon kaikkien ne löytävän,
ikuisuuden runoikkunan.

Olisiko oikein

Olisinko melkein
vai tohtisinko olla oikein
oikein oikein hyvä ja suuri,
suuri luuloissani,

teoissa pienen pieni
laiska
näkymätön

kaikkien juhlien ulkopuolella

ryysy rannalla rutussa
pois poljettu
lätäkössä

olisin erinomainen lajissani
vähäisistä vähäisin
tohtisin olla
omanlainen

Olisiko oikein

Heräteltävä herkkyys

Se suuri herkkyys
miehisen hahmon pinnan alla
usein varjeltu syvyys

piilossa sielumme pielustalla

nousee esiin innostamalla

toinen toista kannustamalla

Maailman sydän

Kauniisti hohtaa valo
tarkasti piirtyy varjo
kovan kivikuoren alla
koko maailman sydän
tahtiinsa kuljen.

On asiat hyvin

Mietitkö matkaa
rajan taa
mietitkö kenties aikaa
parempaa
tahdotko
tahdotko aina vaan
lisää mainetta ja kunniaa
etkä mielestäsi
sitä riittävästi saa.

Vaan
mietipä hetken oloasi
kotoasi
omistamaasi
lämpöä, turvaa, huolehtimista
ruokaa, vuodetta, asumista
joita ilman moni muu
tässä maailmassa
kylmään ja viluunsa riutuu.

On asiat hyvin
vaikka valitat
olet saanut paremmat
olot ja leikkipalikat.

Rannalla

Valon syli

silta veden yli

kimallus kainalossaan

saa kauas katsomaan

Aika kulki

Niin läheltä
   ja aina ohitse,
   kulki aika vieritse,
ei aika merkitse,
jos ohi aikoo
   mennä saa
   katsomatta
      selän taa.

Sallithan

Sallithan, sallithan koskettaa
hymyillä
vaikka vain kerran

itkeä vielä ehdin
suremisen verran

koskettaa
vain tämän kerran

Sydämeesi jätän jäljen

kosketin

tullakseni uudelleen

tehdäkseni

uuden jäljen

aina lähes saman

erilaisen